小学校発！
一人ひとりが輝く
ほめ言葉のシャワー ❸

菊池 省三
野原美恵子・谷川康一・中雄紀之

日本標準

　本著は、「小学校発！一人ひとりが輝くほめ言葉のシャワー」の第3弾です。
　指導者向けの今までの2冊とは違って、学級で子どもたちが使うワークシート集です。
「ほめ言葉のシャワーのワークシートがあると低学年は助かります」
2013年の暮れに、菊池道場東京支部の野原美恵子氏がつぶやいたこの言葉が、本著が生まれるきっかけでした。

「ほめ言葉のシャワー」が、NHKの人気番組「プロフェッショナル仕事の流儀」で紹介されてから2年が過ぎました。

　その後、訪れる全国各地の講演先で、
「ほめ言葉のシャワーで、学級が明るくなりました」
「子どもたちの笑顔が増えて、教室が楽しくなりました」
「教室が、今までと違ってひとつにまとまってきました」
「私と子どもたちの関係だけではなく、子ども同士のつながりも温かいものになりました」
などといった、うれしい言葉をかけていただくことが増えてきました。
　確実に全国に広がっていることを素直に喜んでいます。「ほめ言葉のシャワー全国大会」も毎年開かれるほどに、多くの教室で実践されるようになっています。
　発案者として、これほど幸せなことはありません。

　しかし、それと同時に、
「どのようなステップで始めたらいいのでしょうか？」
「ほめ言葉のレベルを上げたいのですが、どんな方法がありますか？」
「低学年を担任しているのですが、難しい気がして心配です」
「教師になって3年目です。ほめ言葉のシャワーをしたいのですが、自信がなくて・・・」

といった質問や相談を受けることもありました。「ほめ言葉のシャワー」を世に送り出した責任を感じました。

　本書は、そのような先生方の声に応えようと考えてつくりました。低学年、中学年、高学年それぞれ約３０枚(合計９３枚)のワークシートを作成しました。
　使用の目安として、各学期の子どもたちの実態を考えて、「ホップ」「ステップ」「ジャンプ」の３段階に分けて作成しています。

　また、指導される先生方だけではなく、教室の子どもたちにもねらいがわかるように、「言葉」「やり方」「内容」「成長」の４つの分野に分けています。
　全学年、全学級で、安心して取り組めるようにと考えて作り上げました。

　本ワークシートを活用することによって、子どもたちのほめ言葉のレベルが上がり、友だちに伝えようという意欲が増し、学級や自分の成長を実感し、それらを喜び合えるようになることでしょう。
　安心感のある教室で、自分らしさを発揮し合い、それらを認め合って成長し続ける子どもが育つことでしょう。

　本著を作るにあたって、低学年は菊池道場東京支部・野原美恵子氏、中学年は菊池道場福岡県久留米支部・谷川康一氏、高学年は菊池道場北九州本部・中雄紀之氏に担当していただきました。
　私の手順が悪く、完成するまでに１年間かかりました。その間、よりよいものにしようと何度も練り直していただきました。
　ありがとうございました。

　そして、前作の２冊と同様に、中村宏隆氏には、全体の構成から編集までお世話になりました。感謝申し上げます。ありがとうございました。

全国の教室に温かいほめ言葉のシャワーが降り注ぐことを信じています。

子どもたちの笑顔あふれる教室が増えることを期待しています。

2014年12月25日　　　　　　菊池道場長　菊池　省三

もくじ

はじめに・・・・・・・・・・・・・・・・・・・・・・・・・・　2～4

もくじ・・・・・・・・・・・・・・・・・・・・・・・・・・・　5

第1章　「ほめ言葉のシャワー」の今日とワークシート作成の意義・・・　6～17

第2章　「ほめ言葉のシャワー　ワークシート」【言葉編】
　　　　ホップ・・・・・・・・・・・・・・・・・・・・・・　18～22
　　　　ステップ・・・・・・・・・・・・・・・・・・・・・　23～27
　　　　ジャンプ・・・・・・・・・・・・・・・・・・・・・　28～32

第3章　「ほめ言葉のシャワー　ワークシート」【やり方編】
　　　　ホップ・・・・・・・・・・・・・・・・・・・・・・　33～41
　　　　ステップ・・・・・・・・・・・・・・・・・・・・・　42～48
　　　　ジャンプ・・・・・・・・・・・・・・・・・・・・・　49～53

第4章　「ほめ言葉のシャワー　ワークシート」【内容編】
　　　　ホップ・・・・・・・・・・・・・・・・・・・・・・　54～60
　　　　ステップ・・・・・・・・・・・・・・・・・・・・・　61～68
　　　　ジャンプ・・・・・・・・・・・・・・・・・・・・・　69～75

第5章　「ほめ言葉のシャワー　ワークシート」【成長編】
　　　　ホップ・・・・・・・・・・・・・・・・・・・・・・　76～80
　　　　ステップ・・・・・・・・・・・・・・・・・・・・・　81～85
　　　　ジャンプ・・・・・・・・・・・・・・・・・・・・・　86～92

付属ＣＤの使い方・・・・・・・・・・・・・・・・・・・・・　93

おわりに・・・・・・・・・・・・・・・・・・・・・・・・・　94・95

第1章 ほめ言葉のシャワーの今日とワークシート作成の意義

福岡県北九州市立小倉中央小学校　教諭　菊池省三

1　ほめ言葉のシャワーとは

「ほめ言葉のシャワー」とは、一人ひとりのよいところを見つけ合い伝え合う活動です。一人１枚日めくりカレンダーを描き、その日を描いた子が終わりの会で教壇に上がり、残りのクラス全員からほめ言葉の「シャワー」を浴びるという活動です。

(1) ほめ言葉のシャワーの具体的な手順

『一人ひとりのよいところを見つけ合い伝え合う活動』
○年間４回（４巡）程度行う
○毎日の帰りの会で行う
①毎回日めくりカレンダーを各自１枚ずつ描く
②その日のカレンダーを描いた子どもが教室前の教壇に出る
③残りの子どもと教師がその子のよいところを発表する
④発表は自由起立発表でシャワーのように行う
⑤全員の発表が終わったら前に出ていた子どもがお礼のスピーチを行う
⑥最後に教師がコメントを述べる

　年間４回程度行います。３０人学級であれば、１年間で３６００個のほめ言葉を伝え合うことになります。

　1回で、1人に対して30人(教師を含む)がほめ言葉を発言し、1巡では30人行うので、30×30の900個になります。
　それを1年間で4回行えば、900×4の3600となります。
　40人学級であれば、1年間で6400個の「ほめ言葉」が教室にあふれることになります。
　2年間持ち上がりで担任すると、30人学級で7200個、40人学級では12800個もの言葉が飛び交うことになります。

　クラスみんなの目が、その日の担当の友だちに注がれます。「世界の中でぼく、私だけが見つけた〇〇さんの今日のいいところ」を合言葉に、子どもたちは友だちのよさを見つけようとします。そして、温かい言葉をプレゼントします。
　「ほめ言葉のシャワー」が終わると、担当の友だちへの拍手が自然と起こります。教室の雰囲気がやわらかくなり、自然と笑顔がこぼれてきます。

(2)「ほめ言葉のシャワー」を成功させる年間計画

　大まかな年間の見通しを立てておきます。思いつきの指導では、効果は期待できません。特に、１回目を成功させることが大事です。

①１回目に向けての指導のポイント
□教師の説明
　教師が「ほめ言葉のシャワー」の説明をします。ここでは、活動のやり方の説明と活動の意義や価値の説明をていねいに行います。
＜意義・価値の説明＞
　子どもたちの成長を信じて、真剣に話します。この活動によって、一人ひとりに『自信』が生まれ、学級全体に『安心感』が広がっていくことを話します。主な内容は以下の通りです。
・言葉でつながることの重要性
・ほめ合い認め合うことの大切さ
・「群れ」と「集団」の違い

＜やり方＞
　どの子も安心して取り組めるように、具体的に説明します。絵に描いたり、教師がモデルとなって話をしたりして理解させます。「全員参加」が大きなポイントです。
・日めくりカレンダーの作り方
・「ほめ言葉」の発表モデルを示す
・「ほめ言葉」の説明・・原則としてその日の中で見つける
・お礼のスピーチの仕方

②大まかな年間の指導の流れ

	「ほめ言葉のシャワー」の実施とその活動を支える日常の主な指導内容 ○・・・「ほめ言葉のシャワー」に関する活動 ●・・・「ほめ言葉のシャワー」を支える日常の関連した指導内容
一学期前半	○　意義・価値の説明 ○　基本的な活動のやり方の説明 ●書く指導・・・箇条書き→質よりも量をめざす 　　　　　　　　事実と意見の区別の指導→「見ること」を鍛える ●話す指導・・・自由起立発表の指導 　　　　　　　　「3つあります」スピーチ→毎日多くの場面で行う ●聞く指導・・・見える聞き方の定着の指導
一学期後半	○　1回目の「ほめ言葉のシャワー」の実施 ○　日めくりカレンダー作り ●書く指導・・・具体的な描写の指導→数字、会話文、固有名詞 ●語彙指導・・・価値語を集める活動の指導 　　　　　　　　ＮＧワード(すごい、一生懸命、など)を決める ●話す・聞く指導・・・姿勢、目線、「出す声」などの指導 ○　1学期の「成長を認め合う会」を行う
二学期の指導	○　2回目、3回目の「ほめ言葉のシャワー」の実施 ○　日めくりカレンダー作り ●書く指導・・・整った文の指導→「事実＋意見＋α(お礼、励まし、お願い、ねぎらい)」 　　　　　　　　の組み立ての指導 ●語彙指導・・・ことわざ、慣用句、四字熟語、比喩表現などの指導 ●話す・聞く指導・・・声の調子、表情、身振り手振りなどの指導 ○　2学期の「成長を認め合う会」を行う
三学期の指導	○　4回目の「ほめ言葉のシャワー」の実施 ○　日めくりカレンダー作り ●書く指導・・・個性的な表現に向かわせる指導 ●語彙指導・・・価値語を積極的に使わせる指導 ●話す・聞く指導・・・語りかけ、笑顔、応答関係などの指導 ○　1年間の「成長を認め合う会」を行う

P.6～P.9、「小学校発！一人ひとりが輝くほめ言葉のシャワー」(日本標準)より

2 ほめ言葉のシャワーの今日と課題

(1) ほめ言葉のシャワーの今日

　今、ほめ言葉のシャワーは全国に広がっています。

　ここ数年、講演会やセミナーに年間100回程度も呼んでいただいています。おじゃました全国各地で感じることは、北は北海道から南は九州沖縄まで、ほめ言葉のシャワーが勢いよく広がっているということです。

　その勢いは、行われている学級が増えてきたというだけではありません。「全ての学級で行っています」という小学校が増えているのです。中学校での実践も当たり前になってきています。

　各地の教育委員会関係の研修会後には、「地域を挙げて実施したい」「今後の研修内容に取り上げたい」というお言葉をいただくことも多くなりました。
　また、「職場でも行っています」「家庭でも始めました」という教育関係者以外の方からのお声もたくさん耳にするようになりました。

　私自身も、行く先々で、
・学級が落ち着いた
・子どもたちが自信をもってきた
・学級がまとまってきた
・みんなで学び合う学習が成立するようになった
・学校全体がやさしい雰囲気になってきた
・中学生も笑顔で聞きあっています
・荒れた地域を変えることができる
・自尊感情を高めることにつながる

◆

・地域の人間関係がよくなる
・活力のある職場になってきました
・親子の関係が明るくなります
・大人こそ必要な取り組みです
といったお言葉をたくさん耳にする毎日です。

　多くの先生が、よくお話しされる代表的な内容です。
「教職５年目です。初めて高学年を担任しています。５年生２９人の学級です。私の指導が不十分なのでしょう。
２学期に入り、学級の様子がおかしくなってきました。男子と女子が対立をするようになり、教室の中に冷めた空気が広がっていきました。
そんな中、数名の子どもが、授業中に立ち歩いたり、机の上に何も出さないで遊んだりするようになってきたのです。
どうしていいのか分からなくなった時に、ほめ言葉のシャワーを始めました。驚きました。最初の子どもの、みんなからほめられるうれしそうな笑顔が、今でも目に焼き付いています。
取り組み始めた頃は、ぎこちなかったのですが、少しずつ慣れてきました。今では教室も落ち着いています。毎日、子どもたちも私も楽しみにしています」

　教育系月刊雑誌でも、ほめ言葉のシャワーの特集が組まれるようになっています。フェイスブックでの「ほめ言葉のシャワー」グループへの参加人数も1200人を超え、活発な実践の交流が毎日行われています。

(2) ほめ言葉のシャワーの課題

　もちろん課題もあります。まだまだ解決すべき課題もあります。「完璧な指導法はない」ということから考えても当たり前のことです。
　全国の先生方からよく聞く課題は、

・子どもが友だちのいいところを見つけられない
・内容がマンネリ化してしまう
・内容のレベルが上がらない
・一般的な内容に終始してしまう
・「やらされ感」が出てしまう
・伝わる声で話すことができない
・端的に分かるように話せない
・ほめ言葉のシャワーのよさを実感させることができない
・時間がかかり過ぎてしまう
といった内容です。
　これらをザックリとまとめてみると、
○内容に関する課題
○言葉に関する課題
○やり方に関する課題
○成長を実感させることに関する課題
と言えるのではないでしょうか。

　次のような内容の相談を、3年生の先生から受けたことがあります。
「4月から始めました。座席の列ごとに順番に言うようにしています。最初のうちは、喜んでしていたように思っていたのですが、だんだんと子どもたちからやる気が薄れてきたように感じています。
　同じような内容が続く、『すごいです』『いいと思いました』といった言葉しか出てこない状態です。聞いている子どもも、おもしろくないといった顔をしています。『もっとしっかりとほめてあげよう』などと私も指導するのですが、ほとんど変化はありません。どうしたらいいのでしょうか。このまま続けてもいいのでしょうか・・・・」
　このような悩みは、中学年以上の先生に多いようです。原因は複合的だと思いますが、「言葉」「内容」「やり方」「成長」という先に述べた4つのポイントの指導が、不十分だったからではないかと思われます。

また、低学年では難しいのではないか、という声もよく聞きます。実際に低学年でも成功している事例はたくさんあるのですが、直接その先生とお話をしてみると、その原因として、上手に話せないというコミュニケーション力の問題が大きいようです。

3　ワークシート作成の意義

　本書は、先に述べた課題を解決し、より多くの教室や学校でほめ言葉のシャワーが豊かに降り注ぐようにと考えて作りました。
　ワークシートですから、テストとは違って「全員参加」ができる内容にしています。
　全ワークシートは、見開き2ページで作成しています。
　左側は「学ぼう」というページで、めあてとやり方を例示もふんだんに取り入れて、何をどのようにすればよいのかがすぐに分かるようにしています。

右側は「やってみよう」というページで、文量や言葉の数の具体的な規模も示し、記述した内容をそのまま発表すればよいように構成しています。

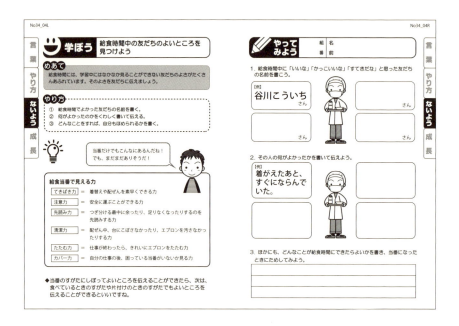

　具体的には、以下の5点を強く意識して作成しています。
①どの子も参加が可能なめあてにしている
②具体的に何をどうすればよいのかが分かる内容にしている
③低・中・高学年別に作成している
④「言葉」「内容」「やり方」「成長」の4つの内容に分けている
⑤1年間の見通しが持てるように作成している
　それぞれを少し詳しく説明します。

①どの子も参加が可能なめあてにしている

給食時間中の友だちのよいところを見つけよう

めあて
給食時間には、学習中にはなかなか見ることができない友だちのよさがたくさんあふれています。そのよさを友だちに伝えましょう。

　めあてを明確に示しています。
「給食時間には、学習中にはなかなか見ることができない友だちのよさがたくさんあふれています。そのよさを友だちに伝えましょう」「聞き手が聞きやすいように、１５秒でほめ言葉が話せるように練習しよう」といった、どの子も参加できるような具体的なめあてにしています。

②具体的に何をどうすればよいのかが分かる内容にしている

やり方を丁寧に示しています。子どもたちが、読んだだけでも分かるように示しているのです。
「何を」「どのように」すればよいのかを分かりやすくしています。
また、イラストや例示を多くして、子どもたちの負担感を少なくしています。取り組む中で、楽しさが感じられるように工夫しているのです。

③低・中・高学年別に作成している

低・中・高学年向けの内容を約３０枚ずつ作成しています。今までの公開されている実践は、高学年が多かったのですが、「低学年では難しい」という声に応えるためにもこのような全体構成にしています。
もちろん学級の実態などを考えて、他の学年のワークシートを活用することも可能です。

④「言葉」「内容」「やり方」「成長」の４つの内容に分けている

全てのワークシートを、「言葉」「内容」「やり方」「成長」の４つの内容に分けています。これも、全国の先生方から寄せられた課題に応えるためです。
「言葉」は、相手も喜ぶほめ言葉や価値語を増やすための内容です。
「内容」は、具体的なほめ言葉の文を分かりやすく理解させる内容です。
「やり方」は、教室で行うほめ言葉のシャワーの方法を具体的に理解させる内容です。
「成長」は、自分への自信を持たせたり、学級内の安心感を高めたりする内容です。
学級の実態や指導の目的に合わせて、効果的に活用していただきたいと考えています。

⑤１年間の見通しが持てるように作成している

　低・中・高学年のどれもが、「ホップ」「ステップ」「ジャンプ」の３段階で構成されています。
「ホップ」は、主に１学期に指導しておいたほうがよいと判断している基本的な内容です。
「ステップ」は、ほめ言葉のレベルを上げていくために必要だと考えている２学期における指導内容です。
「ジャンプ」は、成長を実感させる３学期を指導時期だと考えた内容にしています。
　１年間継続的に活用することによって、どの子も自信を持って表現できるようになり、学級の絆も強くなることでしょう。

　本著は、以上のような特色を持っています。「全員参加」を保障している本著の各ワークシートを活用することによって、実践における気になる点や課題が解決されることでしょう。
　そして、子どもたちの笑顔が、温かいほめ言葉とともに、教室の中にあふれることでしょう。

第2章 ほめ言葉のシャワー ワークシート

言葉編　ホップ

東京都武蔵野市立桜野小学校　教諭　野原美恵子

【低学年】

　ホップでは、できるだけたくさんの言葉を覚えさせ、語彙力をつけさせることを目指しています。

　低学年は、語彙力が急速に発達する時期です。この時期にたくさんの言葉に触れ、自分の気持ちを表現できる土台づくりをしていきたいと思います。

　そのために活用するのが「2.『ふわふわことば』をあつめよう」「3.『ちくちくことば』をあつめよう」です。それぞれ「ありがとう」「ごめんね」などの単語を選ばせるところから始めていますが、自分の知っている言葉を書きたがる児童には、選択するだけではなく自分で書けるスペースも用意してあります。

　また、作業時間に差がありますから、「チャレンジコーナー」をつくりました。「先生への質問」や「ふわふわことば・ちくちくことばをどのくらい使っているか」などの内容です。時間がある児童には、チャレンジコーナーに取り組ませてください。

【中学年】

ホップでは、言葉を比べ自分自身の言葉で表現できるようにさせることを目標にします。

　中学年では、自分の気持ちを表現できるようになってきています。また、自分以外への他者への関心も少しずつ出てくる時期でもあります。言葉をとおして「違い」を表現できるように訓練することで、自分以外の意見にも目を向けられるように育てていきたいと考えます。

　中学年のワークシートでも低学年同様、教室内での言葉の指導をスタート段階で入れています。「２．教室にあふれさせたい言葉・教室からなくしたい言葉をくらべよう」がそれです。低学年との違いは「①自分で書けるスペースを作ったこと」と、「②言葉を比べて自分で表現すること」です。

　中学年では、チャレンジコーナーは設定していません。作業が早い児童には「あふれさせたい言葉」「なくしたい言葉」をさらに考えることなどをさせるとよいでしょう。

【高学年】

　ホップでは、「言葉で教室をつくっていく」という自覚を持たせたいと思います。

　高学年での学級づくりは担任中心ではなく、いずれは児童自身で「よい教室づくり」ができるようになってほしいものです。そのために重要なのが、初めの「言葉の指導」です。

　低学年・中学年のように「教室にあふれさせたい言葉」「なくしたい言葉」を考えるワークシートを用意しました。「１．『教室にあふれさせたい言葉』と『教室からなくしたい言葉』を集めよう」です。高学年では「出し合う」ということをテーマにして、クラス全体で話し合い活動を取り入れていただきたいと思います。初めに「自分たち」で話し合い出し合ったことによって、クラスの中で使うことに適している言葉、適していない言葉を意識して学校生活を送れるようにしていきたいものです。

低学年02 「『ふわふわことば』を あつめよう」No12_02.pdf

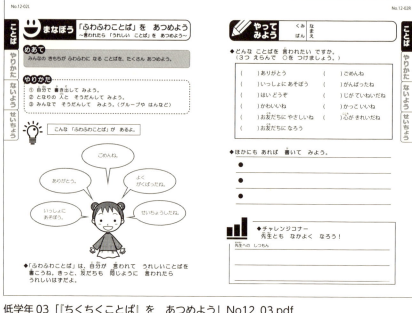

低学年03 「『ちくちくことば』を あつめよう」No12_03.pdf

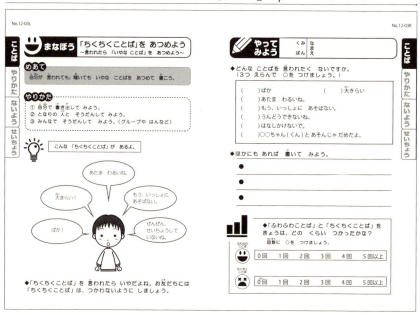

中学年02「教室にあふれさせたい言葉・教室からなくしたい言葉をくらべよう」No34_02.pdf

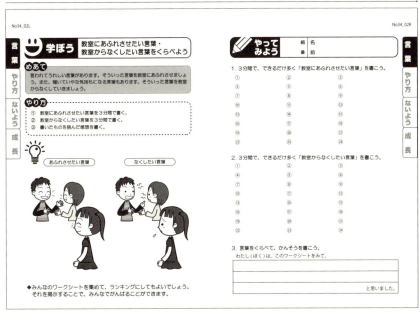

高学年01「『教室にあふれさせたい言葉』と『教室からなくしたい言葉』を集めよう」No56_01.pdf

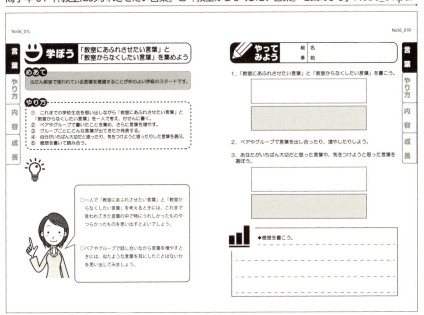

第2章 ほめ言葉のシャワー ワークシート 言葉編 ◆

高学年10「友達の行為にはどんな価値があるのか考えよう」No56_10.pdf

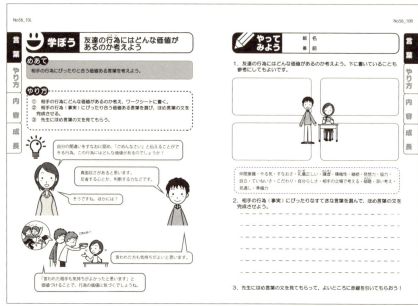

「教室にあふれさせたい言葉、教室からなくしたい言葉」

第2章 ほめ言葉のシャワー ワークシート

言葉編 ステップ

【低学年】

　ステップでは、楽しみながら「語彙力」をつけさせたいものです。

　低学年は「遊び」をとおして、たくさんの学習をしていく時期です。ホップで勉強してきた多くの言葉を、ステップでは応用しています。

　ワークシートでは、「15.『あいうえお作文』をかんがえよう」を取り入れました。自分の名前を「あいうえお作文」にすることによって、言葉で自分を紹介できるようにするのがねらいです。この活動をすることによって、自分に合う言葉を考え、自分自身のよさを見つけられるようになります。また、全体で発表をすることによって、クラスの友達のよさを発見していくことにつながると考えます。

　応用編として、「ほめ言葉のシャワー」のスター（主人公）や、担任の名前を、「あいうえお作文」にすることが考えられます。自分以外の人の名前を「あいうえお作文」にする活動は、その人のよいところを探そうという活動に自然とつながり、「ほめ言葉のシャワー」のレベルアップにもつながっていきます。

【中学年】

　ステップでは、見たことだけの「ほめ言葉」ではなく見えない部分のことも想像してほめられるように成長させていきたいものです。

　ホップと比べて、ステップの時期では、友達をほめたりほめられたりすることに少しずつ慣れてくる時期です。行動面の「ほめ言葉」だけで

はなく、その行動を続けることによってどのような大人になるのかなど「想像」してほめることができるように育ってほしいものです。「16.『意見』をあたたかいプレゼントにしよう」がそれにあたります。また、「ほめ言葉のシャワー」をしていてうれしかった言葉は何かをふり返らせるにもよい時期にきています。ここでふり返りをすることによって、再確認になり、次のステップにつながっていきます。ワークシートは「18.今までほめられてうれしかった言葉を書き出そう」を使うとよいでしょう。

【高学年】

　高学年のステップでは、「ことわざ」や「四字熟語」を入れてほめることを意識させていきましょう。

　高学年では、可視の部分だけでなく、不可視の部分を取り入れてほめることができる時期です。慣れてくると「さらに成長したい」と感じてくるはずです。そこで、「ことわざ」や「四字熟語」を入れてほめるなど、レベルを上げられる方法を教えることは、子どもたちへの刺激につながります。

　日常では、「ことわざ」や「四字熟語」などを入れて会話することは、ほとんどありません。そのため、「14.価値づけをちょっと大人っぽくやってみよう」のワークシートでは、「ことわざ」や「四字熟語」の例を示してから、子どもたち自身が「ほめ言葉」を考えられるように作成しました。

　ワークシートを使用する際には、教室に辞書を置き、分からない言葉を調べられるようにすることで、より言葉の幅が広がる活動につながります。また、「名言・格言」を入れて「ほめ言葉」を考えることもよいでしょう。

低学年 15 「『あいうえお作文』を　かんがえよう」 No12_15.pdf

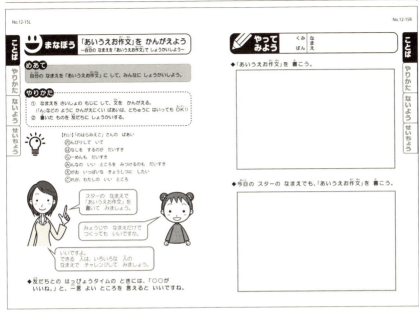

中学年 16 「『意見』をあたたかいプレゼントにしよう」 No34_16.pdf

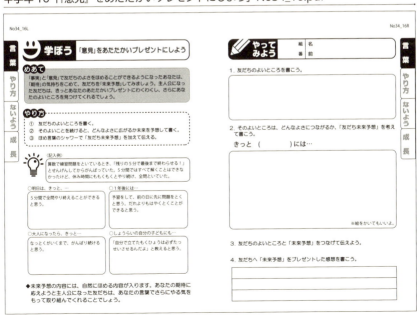

中学年 18 「今までほめられてうれしかった言葉を書き出そう」 No34_18.pdf

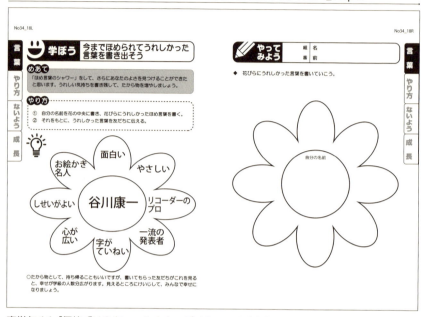

高学年 14 「価値づけをちょっと大人っぽくやってみよう」 No56_14.pdf

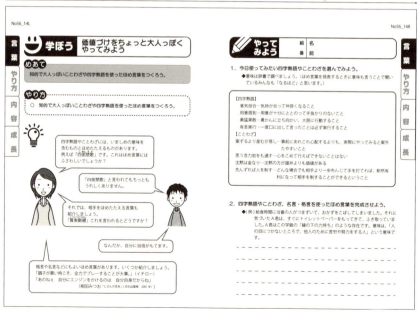

高学年 19「友達とのつながりを強くする聴き方をしよう」No56_19.pdf

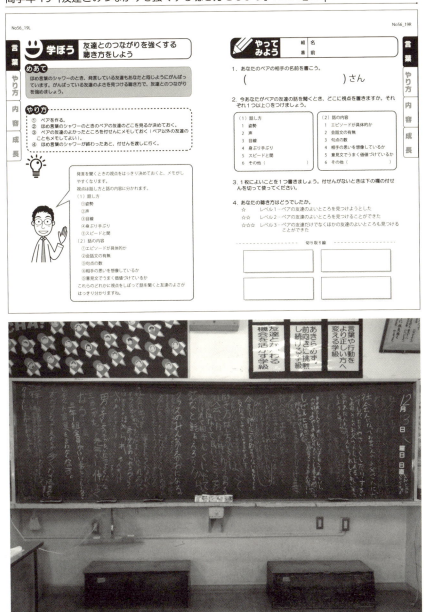

「ほめ言葉のシャワー」について意見を出し合った「白い黒板」

第2章 ほめ言葉のシャワー ワークシート 言葉編 ◆

第2章 ほめ言葉のシャワー ワークシート

言葉編 ジャンプ

【低学年】

　ジャンプでは、今までやってきた「ほめ言葉のシャワー」の「まとめ」の段階であることを意識させる必要があります。
　単語からスタートしましたが、文で話すことができようになったり、知っている言葉の数が増えてきたりと、たくさんのことを覚えることができています。「どんな言葉がうれしかったのか」「どんなことを見つけてほめることができたのか」を確認することで、児童たちが今までしてきた行動に価値づけをすることができます。
　ジャンプのワークシートでは「25.言われてうれしいことばをあつめよう」「27.『○○名人』を見つけよう」で扱っています。「言われてうれしい言葉」を集めることによって、今まで言われてうれしかった内容を思い出し、クラス全体で共有することで「ほめ言葉のシャワー」での言葉を選ぶ数も増えていきます。「○○名人」という言葉は、子どもたちが好きな言葉の一つです。ステップのように「遊び」を取り入れながら、「よさ」を見つけて、「言葉」で表現できるまとめをしていきましょう。

【中学年】

　ジャンプでは、書くだけではなく全体に発表したり、話し合いなどの活動をしたりするような取り組みをワークシート化しました。
　ワークシートは「24.『自分にも言われたい言葉』を集めて、みん

なに発表しよう」「28. 教室にあふれた言葉・教室からなくなった言葉をふり返ろう」の２枚があります。「言われたい言葉」も十人十色で人によって違うものです。その中で「ほめ言葉のシャワー」や、家庭で生活していた中で言われてうれしかった自分の経験から考える子がほとんどでしょう。ワークシートでは、自分のほめられたい内容を書き出したあと、全体で交流できるようにしています。また、その後の「ほめ言葉のシャワー」でも、言われたら○をつけるなど、活用するのもよいでしょう。

「28. 教室にあふれた言葉・教室からなくなった言葉をふり返ろう」では、初めに提示するだけではなく、ふり返りを行うことによって、意識づけ・価値づけにつながっていきます。子どもたち自身が年度初めに書いた内容を思い出すだけではなく、「なぜあふれたのか。なぜなくなったのか」の理由を考える欄もあり、表面的なふり返りにならないように工夫しています。

【高学年】

ジャンプでは、言葉で表現することのまとめとして「漢字」に焦点をあてました。

高学年では「漢字一文字」で表す活動を取り入れています。「24. 友達を漢字一文字でほめよう」がそれです。この活動は、漢字の意味を調べる学習にもつながっていきます。漢字を選んだあとに、「なぜその漢字を選んだのか」を組み込んで、「ほめ言葉のシャワー」で言う内容を考えます。小学校６年間で習った漢字限定で行ってもよいですが、習っていない漢字を利用しようとする児童も出てきます。その漢字の意味などを加えて説明することによって、他の児童にも伝わり、発展的な学習ができます。

最高学年を控えたり、卒業を控えたりする段階ですから、書き出した漢字を掲示したり、プレゼントしあったりして、クラス全体の最後の思い出づくりにもなる活動です。

低学年25「言われて うれしい ことばを あつめよう」No12_25.pdf

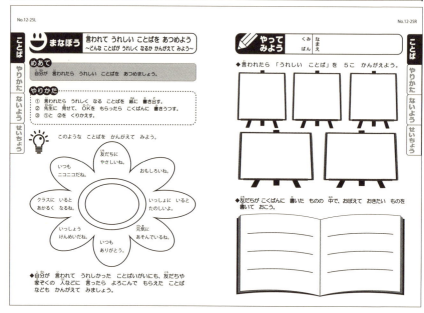

低学年27「『○○名人』を 見つけよう」No12_27.pdf

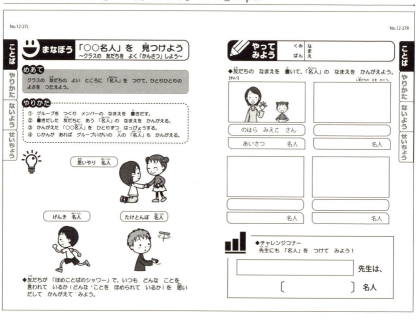

中学年 24 「『自分にも言われたい言葉』を集めて、みんなに発表しよう」No34_24.pdf

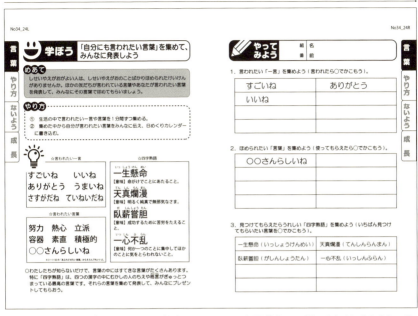

中学年 28 「教室にあふれた言葉・教室からなくなった言葉をふり返ろう」No34_28.pdf

高学年24「友達を漢字一文字でほめよう」No56_24.pdf

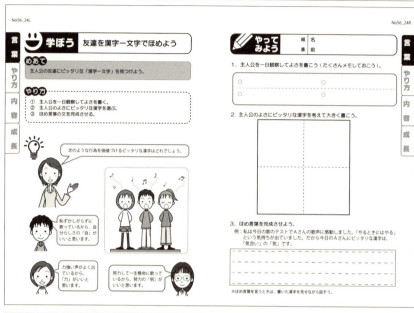

「教室にあふれさせたい言葉、教室からなくしたい言葉」

第3章 ほめ言葉のシャワー ワークシート

やり方編 ホップ

福岡県北九州市立徳力小学校　　教諭　中雄紀之

【低学年】

　友達をほめることが大好きになるように仕組んでいきます。まずは、友達紹介で相手のことを知ることの楽しさを実感させます。友達を知ることで、心の垣根が低くなり、気軽にコミュニケーションが図られるようになります。

　コミュニケーションの一つのツールとして、相手へのほめ言葉を使わせます。相手からたくさんほめられることで、友達のことや学級のことを肯定的に受け止めるようになります。

　友達をほめることに慣れてきたら、ほめ言葉のシャワーのスタートです。学級の全員からほめられることの感動を一人ひとりが実感することでしょう。

【中学年】

　中学年になると一人ひとりの「らしさ」が出てきます。この点に注目して、「いちばん」という言葉を使ってほめることから始めます。いちばんやさしい人、いちばんていねいな人、いちばん面白い人・・・。このような友達を集めることで、学級にはたくさんのよいところをもった

友達がいることに気づかせます。

　一人ひとりの「らしさ」がアピールできるように、日めくりカレンダーづくりでは、メッセージ欄を充実させています。「みんなへのメッセージ」や「今日のめあて」にはその子らしさが出てくることでしょう。

　ほめ言葉のシャワーでも、主人公の「らしさ」がたくさん出てくることでしょう。自分の長所を実感できるほめ言葉のシャワーになりそうです。

【高学年】

　高学年では、より具体的にほめることが可能になります。そこで、友達の観察の仕方をもう一度整理します。様々な視点で観察することで、より細かく友達のよさを引き出すことができるでしょう。

　友達を具体的にほめる実践では、距離の近いグループの友達からほめていきます。観察のしやすさ、コミュニケーションの取りやすさがグループ内にはあります。グループ内でほめ合うことでグループの雰囲気が温かいものに変わり始めます。このような実感が、次のほめ言葉のシャワーへの意欲につながるのです。

　また、一人ひとりのほめ言葉の伝え方にも目を向けさせています。これは、ほめ言葉の質を向上させることだけでなく、学級の友達全員に対しても肯定的に見ることを促しています。

低学年04「となりの 友だちを しょうかいしよう」No12_04.pdf

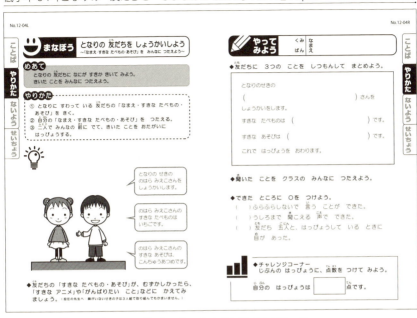

低学年05「『ほめほめスタンプ』を あつめよう」No12_05.pdf

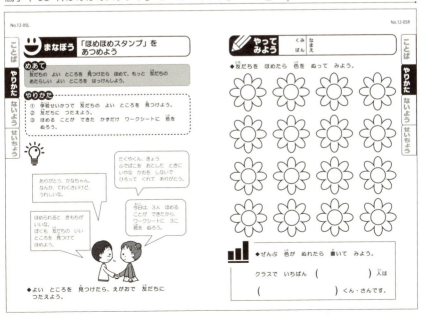

第3章 ほめ言葉のシャワー ワークシート やり方編 ◆

低学年06「友だちの よい ところを 見つけよう」No12_06.pdf

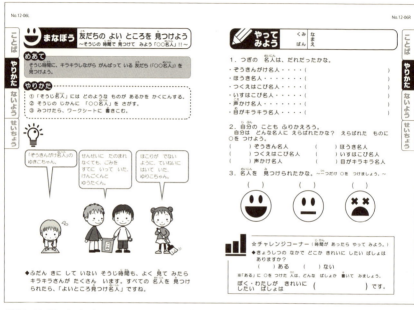

低学年08「『ほめことばのシャワー』で スター（しゅじんこう）に なる 日を きめよう①」No12_08.pdf

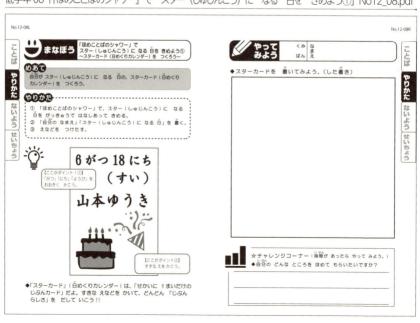

低学年09「スター（しゅじんこう）を ほめて みよう」No12_09.pdf

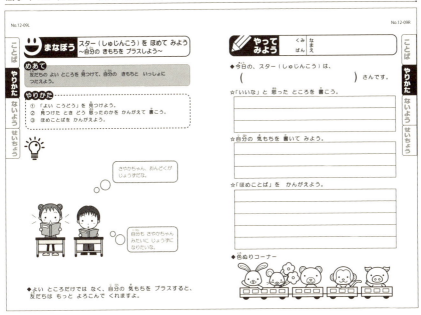

中学年06「『いちばん○○』な友だちを見つけよう」No34_06.pdf

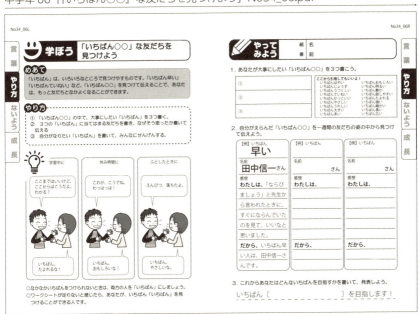

第3章 ほめ言葉のシャワー ワークシート やり方編 ◆

中学年07「日めくりカレンダーをつくろう」No34_07.pdf

中学年08「『ほめ言葉のシャワー』をやってみよう」No34_08.pdf

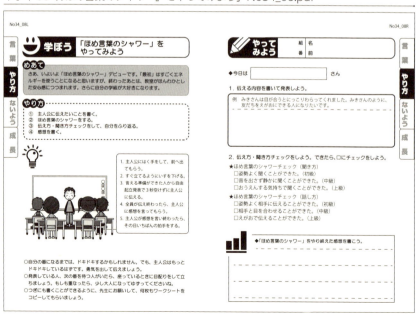

高学年 02「仲間のことを知ろう！自分のことも知ってもらおう！」No56_02.pdf

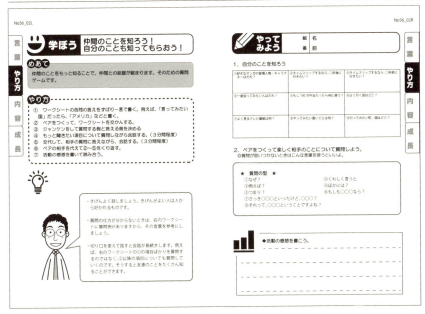

高学年 04「友達のよさを見つける観察をやってみよう」No56_04.pdf

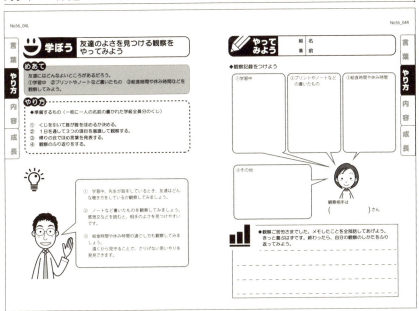

第3章 ほめ言葉のシャワー ワークシート やり方編 ◆

高学年05 「グループの一人をグループみんなでほめてみよう」 No56_05.pdf

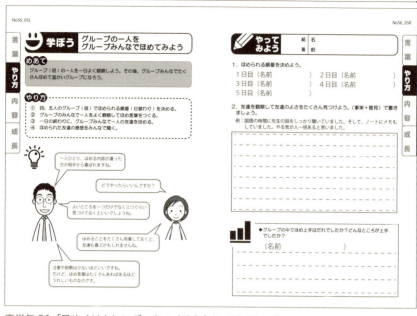

高学年06 「日めくりカレンダーをつくろう」 No56_06.pdf

高学年11「ほめ言葉を言っている友達に注目しよう」No56_11.pdf

しっかり見合って「ほめ言葉のシャワー」

第3章 ほめ言葉のシャワー ワークシート

やり方編 ステップ

【低学年】

　低学年では、コミュニケーションゲームを取り入れています。好きなものやその理由をやり取りするゲームです。「果物は好きですか？」「はい／いいえ」「なぜですか？」「果物は甘いからです。」質問を受けることで子どもたちの思考は少しずつに筋道だったものへと変わっていきます。
　主人公に直接質問する活動もあります。主人公のことをより多く知るだけでなく、相手のことをより知るための質問を経験させていきます。
　聞き方についても、うなずきや姿勢などコミュニケーション能力に欠かすことができない非言語の分野を意識できるワークシートになっています。
　低学年の子どもたちに分かりやすい正しい聞き方の指導としても役立つはずです。

【中学年】

　中学年の子どもの特徴として、一文がだらだらと続いてしまい、話の中心がわかりづらくなることが挙げられます。これは話すことについても同じです。短文にするためには、句点を多用することが最も効果的です。このような指導ができるようにしています。
　短文への意識とともに、ほめ言葉を伝える時間も意識させます。ほめ言葉のようにひとつの意見を伝えるのにちょうどよい時間は20秒程度です。それ以上長いと、話がくどくてわかりづらくなります。この20

秒を短文で伝えることでほめる力はさらに高まります。
　聞き方では能動的な聞き方ができるように、具体的なリアクション例を示してトレーニングできるようにしています。リアクションの有無で子どもたちのコミュニケーションは大きく変わってきます。

【高学年】

　相手をほめるときに大切なことは、言葉以外にもたくさんあります。特にほめ言葉の場合、笑顔や手振りは大きな意味があります。これらは、相手に心を動かしてほめている証拠でもあります。このような非言語の分野を大切にすることも温かい人間関係を築く上で大切なことです。
　また、端的に相手のよさをズバリと話すためには、時間を意識させることが必要です。「１０分前のことです。Ａさんは、隣の友達に『さっきはごめん』と謝っていました。『ごめん』はいい人だけが言える言葉です。」のように短いながらも、内容の詰まったほめ言葉へと精度を上げていきます。

「『ほめことばのシャワー』で スター（しゅじんこう）に なる 日を きめよう②」No12_13.pdf

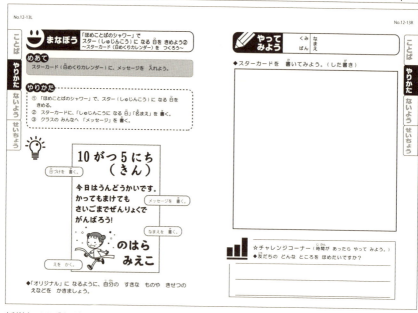

低学年18「友だちと 『ことばの キャッチボール』を しよう」No12_18.pdf

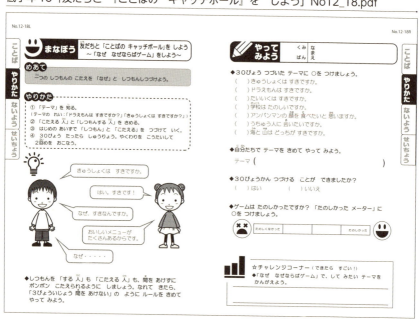

低学年20 「『はい』『いいえ』しつもんゲームを しよう」No12_20.pdf

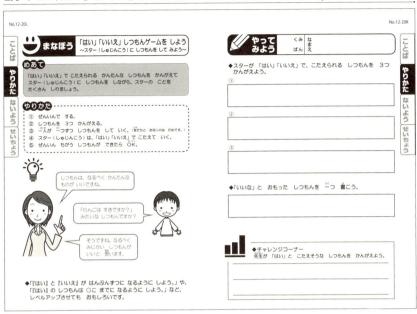

低学年21 「『ききかた名人』に なろう」No12_21.pdf

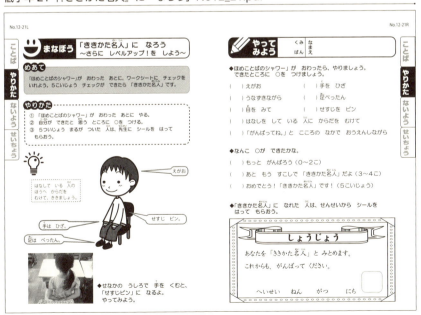

中学年13「短文でわかりやすく伝えよう」No34_13.pdf

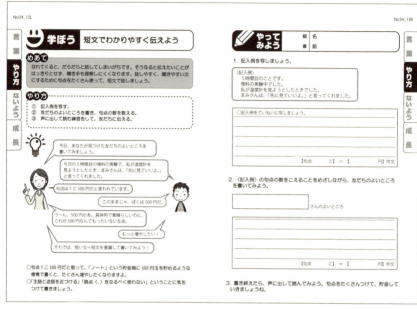

中学年17「２０秒で友だちのよいところを伝えよう」No34_17.pdf

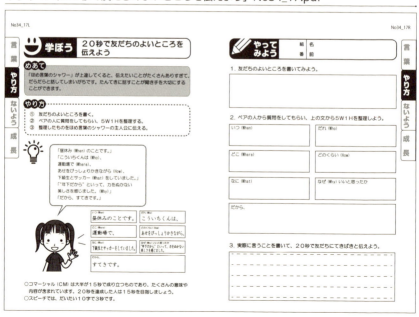

中学年 21 「『聞き方達人』になろう」 No34_21.pdf

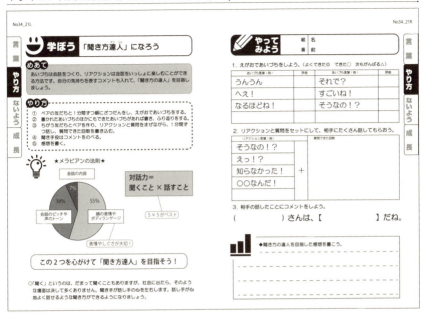

高学年 15 「笑顔でほめたり、身ぶり手ぶりも入れたりしてほめてみよう」 No56_15.pdf

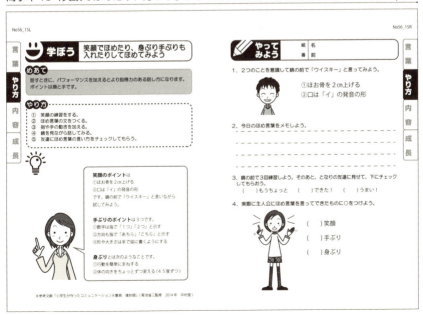

高学年 18「ほめ言葉を言ってくれた友達一人ひとりにコメントしてみよう」No56_18.pdf

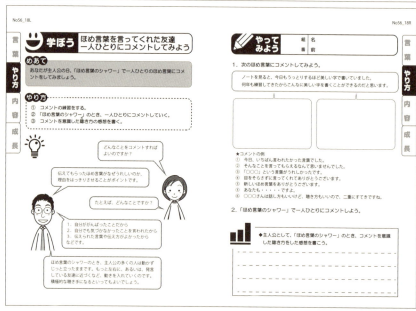

正対した「ほめ言葉のシャワー」

第3章 ほめ言葉のシャワー ワークシート

やり方編　ジャンプ

【低学年】

　日めくりカレンダーも２年生になることを意識したものへと進化させます。未来の自分を想像することで成長を促すことがねらいです。「新しく入学する１年生からどのように思ってほしいか」や「もっとできるようになりたいこと」などを想像させるとよいでしょう。
　また、ほめ言葉のシャワーも、友達だけでなく、お世話になった先生方にも対象を広げていきます。この一年間の出来事やその中でがんばった自分に気づかせるための効果的な取り組みです。

【中学年】

　一年間学級の友達を肯定的に観察し、ほめ言葉のシャワーを行ってきたことで、一人ひとりの「らしさ」がより増えたり、強まったりしています。そこで、友達一人ひとりを「○○力」という言葉を使ってほめ合うことで、自信をもたせていきます。
「Ａさんは、一年間に70冊も本を読んでいます。だから、Ａさんはいちばん『読書力』をもっている人です。来年は、100冊に挑戦するそうです。」
　このようにその人らしさを一言で表すのです。
　中学年でも、ほめ言葉のシャワーを友達だけでなく、お世話になった先生方にも対象を広げていきます。先生方をほめることで高学年への意識を高めるきっかけになるからです。

【高学年】

　６年生で、ほめ言葉のシャワーを友達だけでなく、お世話になった先生方に広げることは大変大きな価値が含まれます。低学年の頃の担任の先生や委員会活動の担当の先生など、６年生の子どもたちの感謝の思いは多岐にわたります。先生方から教えられたことを出し合うことによって、自分たちが多くの人の関わりの中で成長したことを実感できます。そのような思いをほめ言葉のシャワーとして実現することで、「卒業」の意味の深さが増してくるのです。この活動によって高まった「感謝する思い」は中学生へと向かう子どもたちのエネルギーになると考えています。

先生への「ほめ言葉のシャワー」

低学年 23 「『ほめことばのシャワー』で スター（しゅじんこう）に なる 日を きめよう③」 No12_23.pdf

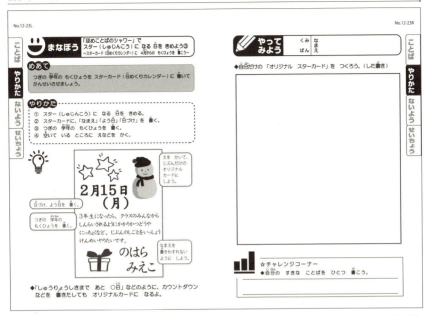

低学年 28 「おせわに なった 先生へ 『ほめことばのシャワー』を しよう」 No12_28.pdf

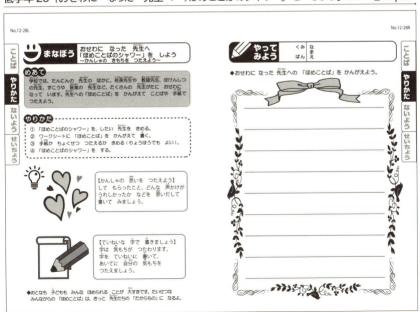

第3章 ほめ言葉のシャワー ワークシート やり方編 ◆

中学年 25 「主人公を『○○力』でほめよう」 No34_25.pdf

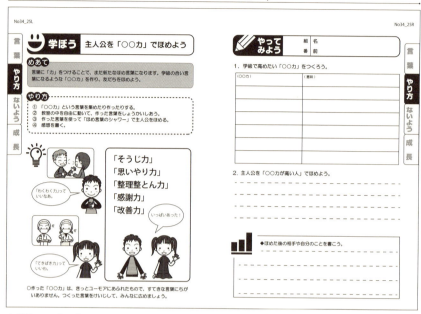

中学年 26 「お世話になった先生へ『ほめ言葉のシャワー』をしよう」 No34_26.pdf

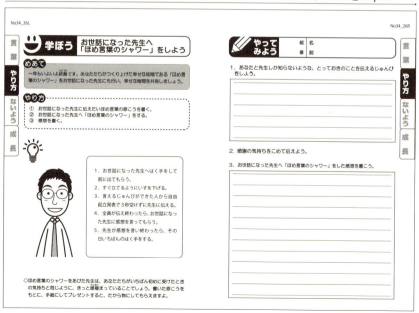

高学年 27 「お世話になった先生方へ『ほめ言葉のシャワー』をしよう」No56_27.pdf

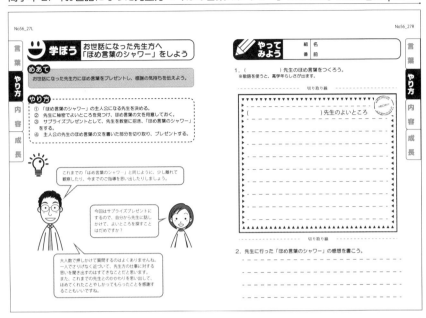

日めくりカレンダー

ほめ言葉のシャワーワークシート

内容編　ホップ

福岡県久留米市立日吉小学校　教諭　谷川康一

【低学年】

　低学年は自分のことを中心に考えがちな時期です。まずは「新しい友だちと仲よくなれそう」と思えるような活動を入れます。その後、相手に「ほめられてうれしい」「ほめてうれしい」気持ちを高めていきます。
　例えば、「7．ひみつで友だちを『ほめほめ』しよう」では、気づかれないように相手を決め、一日中その子のよいところを探します。帰りの会などで、全員がそれぞれの友だちのよいところを発表します。友だちのよいところを見る習慣がつきます。
「11．友だちのほめことばを聞いて『いいな』と思ったことを書こう」では、人ではなく、言葉に目を向けさせるワークシートです。耳で言葉をしっかり聞くことができるようになった時期に、その言葉を掲示するとより効果的です。
　このように、「友だち」→「友だちが発した言葉」と視点を変えていくことで、低学年でもほめ言葉のシャワーを始めることができます。

【中学年】

　中学年では、よいかどうかだけでなく、ある時間の中での行為を「な

ぜ」よいのか、「何が」よいのかと、ほめる視点を焦点化します。

　例えば、「3．友だちの中で『姿勢』のよい人を見つけよう」では、何がよいから姿勢がよいのかと、具体的に見ることができるようにするためのワークシートです。学習規律を教えるときに使うと、ポイントを押さえることができ、1年間継続して指導することができます。

　また、日常生活の中で、給食時間や掃除時間は特に「その人らしさ」が現れます。「4．給食時間中の友だちのよいところを見つけよう」「5．そうじ時間中の友だちのよいところを見つけよう」は、当たり前にすべき仕事の中で、よりよい行動を教室に広めることができます。

　このように、具体的なポイントを子どもたち同士で高め合い、特定の時間に焦点をしぼって行為を評価し合うことで、ほめ言葉のシャワーにつなげていきます。

【高学年】

　高学年では、話すときのある程度の「型」を教えます。そうすることで、ひとまとまりの整った表現ができ、相手に伝わりやすくなります。

　例えば、「3．『事実』と『意見』でとなりの友達をほめてみよう」では、事実と意見をそれぞれ一文にします。句点を入れることで、それぞれの文を二文にし、より具体的に伝えることができるようにするためのワークシートです。作文指導を行うときにも使用することができます。

　「8．お礼のスピーチをしよう」は、コミュニケーションの基本となるコメント力を高めると同時に、ほめ言葉のシャワーを受けた感想の伝え方を知るためのワークシートです。「ありがとう」とお礼を述べるだけに留まらず、ほめ言葉のシャワーを向上させていくために、その都度ふり返りを行えるようにします。

　このように、高学年では「型」を与え、ほめ言葉のシャワーに質の高い一連の流れを子どもたちに定着させていきます。

低学年01「にこにこ　あいさつ　じゃんけんゲーム」No12_01.pdf

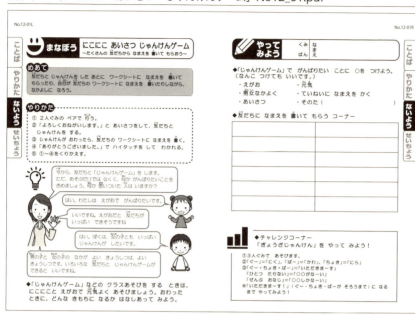

低学年07「ひみつで　友だちを　『ほめほめ』しよう」No12_07.pdf

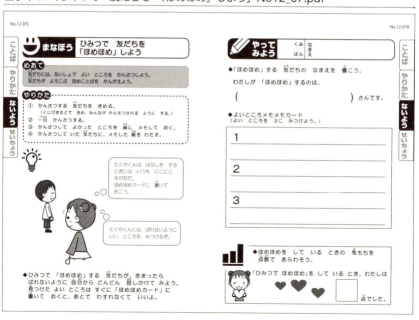

低学年11「友だちの ほめことばを 聞いて 『いいな』と 思った ことを 書こう」No12_11.pdf

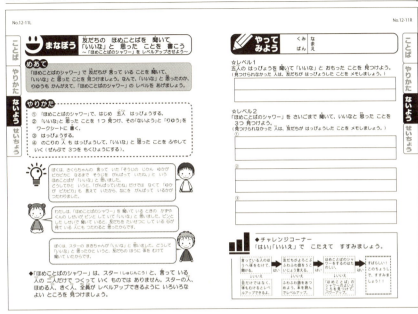

中学年03「友だちの中で『姿勢』のよい人を見つけよう」No34_03.pdf

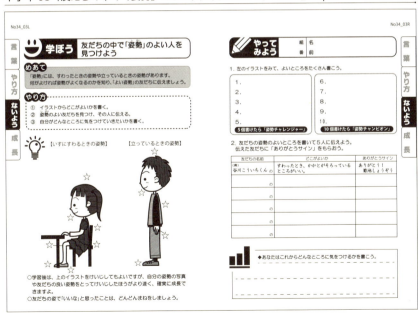

第4章 ほめ言葉のシャワー ワークシート 内容編

中学年04「給食時間中の友だちのよいところを見つけよう」No34_04.pdf

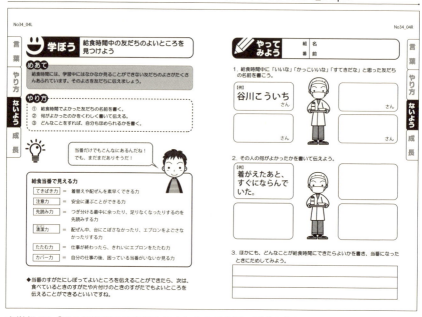

中学年05「そうじ時間中の友だちのよいところを見つけよう」No34_05.pdf

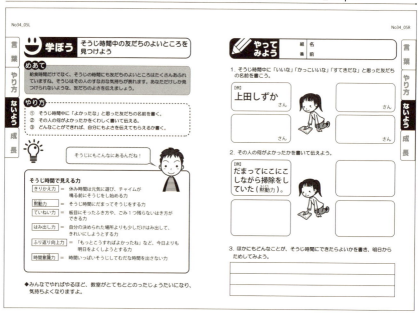

高学年 03 「『事実』と『意見』でとなりの友達をほめてみよう」 No56_03.pdf

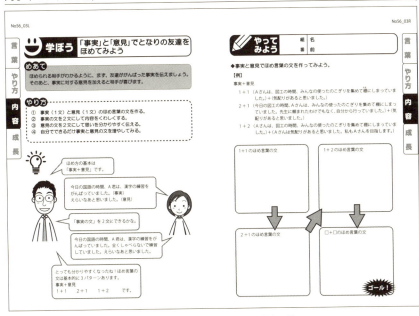

高学年 07 「ほめ言葉のシャワーをはじめよう」 No56_07.pdf

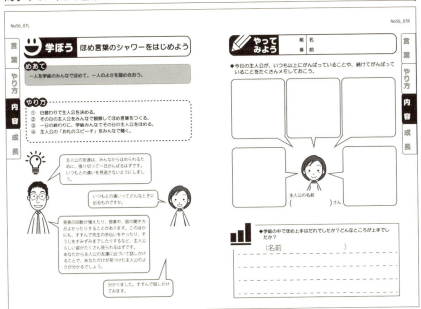

高学年08「お礼のスピーチをしよう」No56_08.pdf

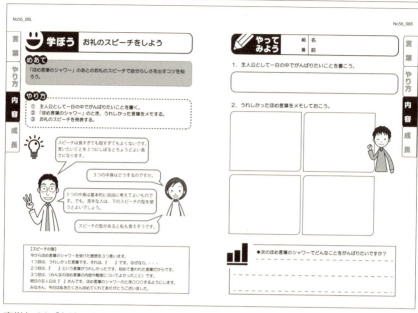

高学年09「友達のよさをくわしく伝えよう①」No56_09.pdf

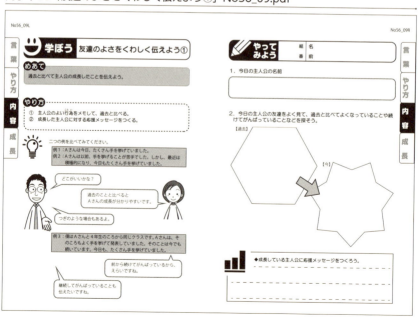

第4章 ほめ言葉のシャワー ワークシート

内容編 ステップ

【低学年】

　ホップの段階でほめ言葉のシャワーを始めたら、次は、短い言葉で発表できるような表現にしていきます。
　例えば、「14. 会話文を入れて、友だちをほめよう」では、友達から言われたうれしい言葉（きらきら語）とその場面を言い、自分が思ったことを短い言葉で伝えます。ほめ言葉のシャワーが1巡した後に行うと、さらに「教室にあふれさせたい言葉」も増えていきます。
　また、「16.『ほめほめカード』を書こう①～3文でほめてみよう～」では、「いつ（時間）」「よいところ」「思ったこと」を3文に整理します。言葉だけでなく、友達のよい行為を見つけ始めた時期に行うことで、子どもたちの行動面も高めることができます。
　このように、相手に伝えることを整理していくことで、ほめ言葉のシャワーがより質の高いものになっていきます。

【中学年】

　ホップで具体的なポイントを子どもたち同士で高め合い、特定の時間に焦点をしぼって行為を評価し合うことができれば、次は発表内容の質を高めます。
　例えば、「12. 友だちのよいところを『事実』と『意見』に分けて書こう」は、自分が見たことや聞いたことを1文で書いていき、思ったことを短い1文にして、事実と意見をはっきりさせるための

ワークシートです。国語科の説明文を学習した後に行うと、書くことに関する活用力が高まります。

　また、「15. 『意見』をていねいに伝えよう」は、子どもたちが友達をほめるときによく使いがちな「すごい」や「いい人」という言葉を、人や物など何かに例えて、意見に自分らしさを出すためのワークシートです。ほめ言葉のシャワーで同じ言葉が多いなと感じたときや、作文指導を行う前に使うと、より効率的に指導ができます。

　このように、事実と意見をはっきりと区別させることで、学級のそれぞれの子どもらしさがあふれるほめ言葉のシャワーへつなげていきます。

【高学年】

　ホップで「型」を与え、ほめ言葉のシャワーに質の高い一連の流れを子どもたちにある程度定着してきたら、次は、工夫と分析です。

　例えば、「16. 主人公が喜ぶ温かいほめ言葉をプレゼントしよう」は、ほめ言葉の主人公の行為から、主人公の思いを想像してメモに書くことによって、相手の立場に立って考えることができるようにするためのワークシートです。行為をほめるだけではなく、友達が行為に至った内面まで考えることにより、友達のがんばりを皆で共有することができます。

　また、「20. インタビューで相手のよさを引き出そう」では、相手のよさをほめながら、さらに相手のよさを引き出すことを目的に質問するためのワークシートです。無意識に行っている行為を自分なりにふり返り、友達に伝えることで、個々のよさを学級に広げることができます。

　このように、高学年のワークシートでは、「型」から少し離れて、その人らしさやその学級独自のルールをつくり、高め合えるようにすることができます。

低学年14 「『会話文(かいわぶん)』を 入れて 友だちを ほめよう」 No12_14.pdf

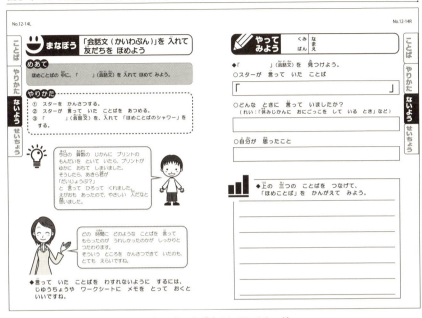

低学年16 「『ほめほめカード』を 書こう①」 No12_16.pdf

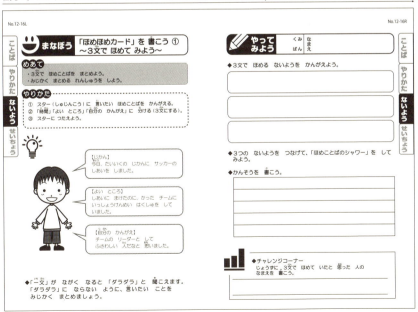

第4章 ほめ言葉のシャワー ワークシート 内容編 ◆

低学年17「『ほめほめカード』を 書こう②」No12_17.pdf

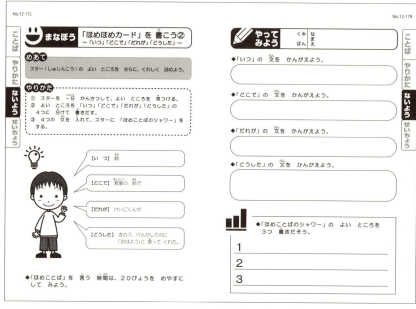

中学年12「友だちのよいところを『事実』と『意見』に分けて書こう」No34_12.pdf

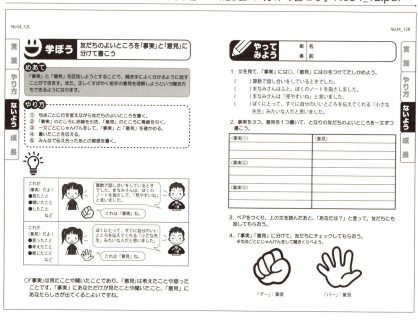

中学年14「となりの友だちの『事実』をくわしく伝えよう」No34_14.pdf

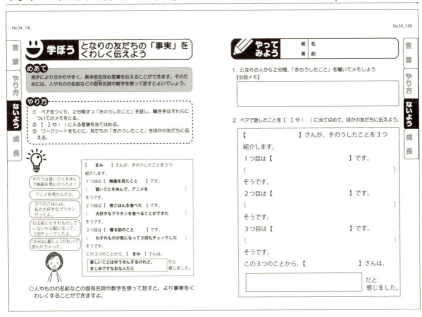

中学年15「『意見』をていねいに伝えよう」No34_15.pdf

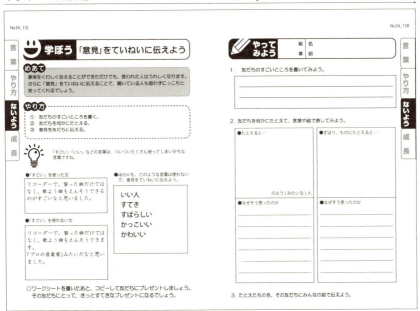

第4章 ほめ言葉のシャワー ワークシート 内容編 ◆

高学年13「友達のよさをくわしく伝えよう②」No56_13.pdf

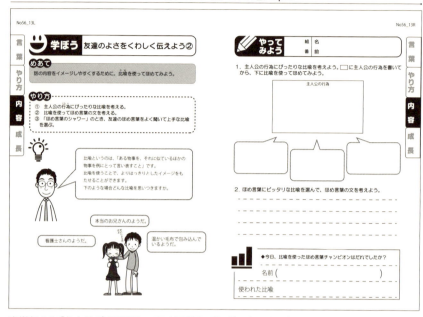

高学年16「主人公が喜ぶ温かいほめ言葉をプレゼントしよう」No56_16.pdf

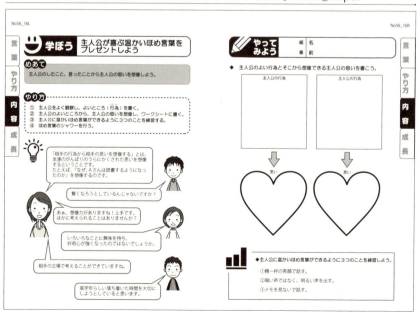

高学年17「１５秒で話せるほめ言葉の文をつくろう」No56_17.pdf

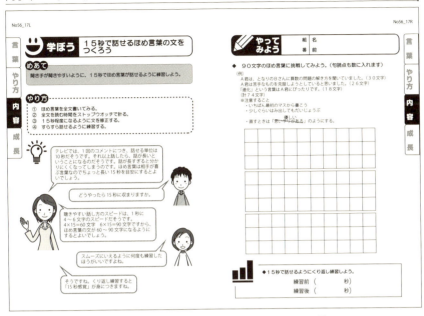

高学年20「インタビューで相手のよさを引き出そう」No56_20.pdf

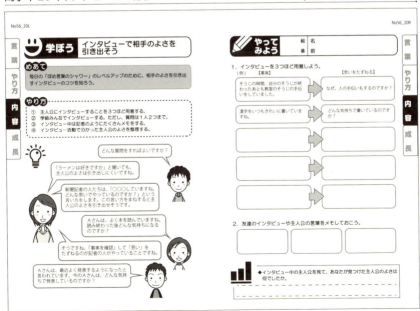

第4章 ほめ言葉のシャワー ワークシート 内容編 ◆

高学年21 「友達の心にひびくほめ言葉のひけつを探ろう」No56_21.pdf

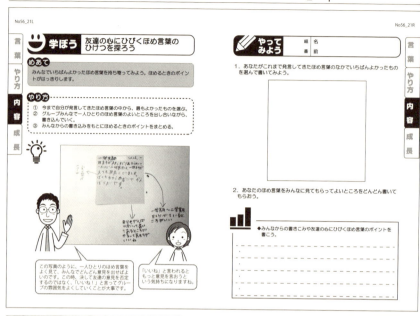

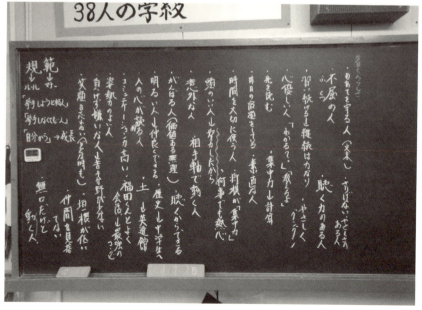

「○○さんらしさ」を考える

第4章 ほめ言葉のシャワー ワークシート

内容編 ジャンプ

【低学年】

　低学年の段階で、ある程度相手に自分の気持ちや想いを伝えることができたら、次は理想や目標を伝えたり、言葉で整える力を高めたりしていきます。そこで、「24.『ほめことばのシャワー』をもっとパワーアップさせよう」を活用します。このワークシートは、1年のまとめである3学期に、こうしたらもっとパワーアップするということを紙に書いて黒板に貼り、みんなで目標を確認していくためのものです。

　また、「30. クラスを一言であらわそう」では、自分の学級にどんな言葉が合うかを考えさせるワークシートです。一年間過ごした学級を価値づけるための集大成としてこの活動を行います。そうすることで、自分の学級をプラスにふり返り、進級への楽しみにつなげることができます。

　このように、一人ひとりが目標を立てたり一年間をふり返ったりすることで、言葉の力も高まり、次の目標を創り出しながら、一年間のまとめを行うことができます。

【中学年】

　事実と意見を区別しながらほめ言葉のシャワーが成立してきたら、次は学級から「発信」していきます。そこで、「23.『友だちのよいところ川柳』をつくってみよう」を使います。このワークシートは、相手のよいところを5・7・5の俳句形式に当てはめて、言葉のプレゼントをするワークシートです。たくさん作って本人が気に入った川柳を掲示し

たり、1年間のまとめとしてかるた大会をしたりしても楽しいと思います。

また、「27．おうちの人に『ほめ言葉のシャワー』をしよう」では、「ありがとう」をキーワードに、お家の人に対して、普段なかなか言えないような些細なことでもワークシートに書き、伝えることができます。

このように、学級で培ったほめ言葉のシャワーを作品として交流したり、家庭においても「発信」したりすることで、相手を肯定的に見るよさを学級だけではなく、家庭にも広げることができます。

【高学年】

その人らしさや学級独自のルールができはじめたら、いよいよ高学年では、理由に強い気持ちを表していきます。そうすることで、自分の考えがはっきりとし、話し合いの力が高まっていきます。

例えば、「23．『ほめ言葉のシャワー』をもっとよくするにはどうしたらよいか考えよう」では、いちばん大切だと思うこととその理由を伝え合うためのワークシートです。

また、「25．友達のよさを未来につなげて伝えよう」では、友達の一つの行為をプラスに予想立てて、進級してもその子のよさを継続できるようにするためのワークシートです。

このように、高学年では、自分の想いに理由づけをして素直に伝えるとともに、一つの行為から未来を肯定的に予想させて「拠り所」となる安心感を子どもたち一人ひとりに与えていきます。

低学年 24「『ほめことばのシャワー』を もっと パワーアップさせよう」No12_24.pdf

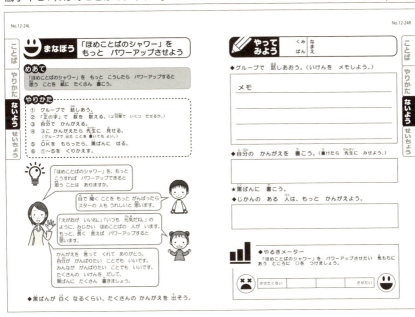

低学年 29「おうちの 人に 『ほめほめカード』を 書こう」No12_29.pdf

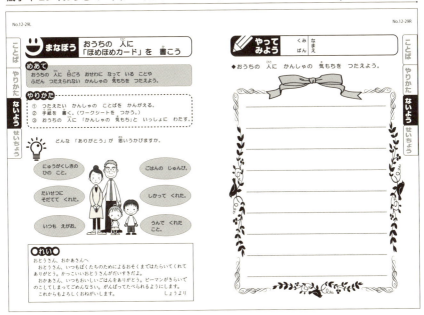

第4章 ほめ言葉のシャワー ワークシート 内容編 ◆

低学年30 「クラスを 一言で あらわそう」 No12_30.pdf

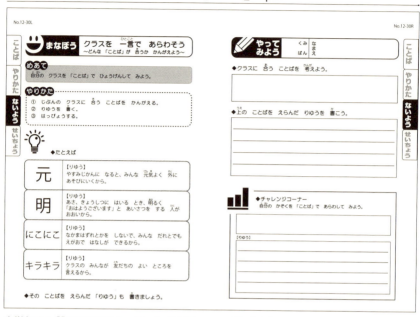

中学年22 「『ほめ言葉のシャワー』をパワーアップしよう」 No34_22.pdf

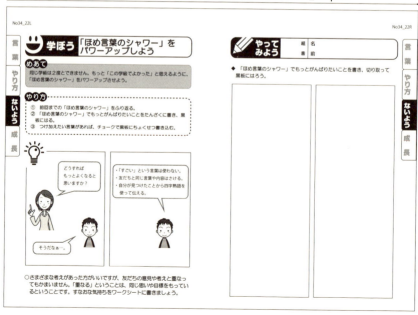

中学年 23 「『友だちのよいところ川柳』をつくってみよう」No34_23.pdf

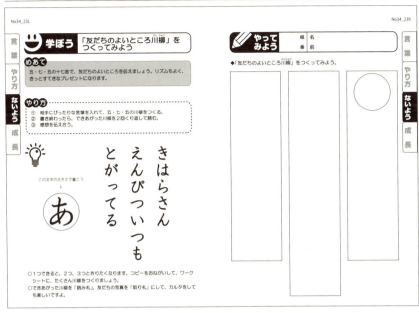

中学年 27 「おうちの人に『ほめ言葉のシャワー』をしよう」No34_27.pdf

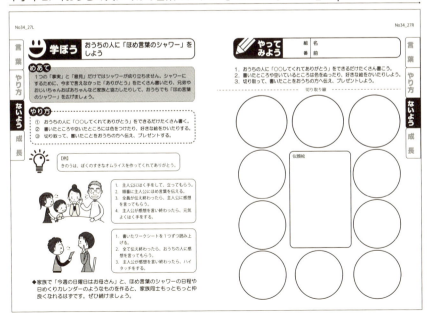

第4章 ほめ言葉のシャワー ワークシート 内容編 ◆

高学年23 「『ほめ言葉のシャワー』をもっとよくするにはどうしたらよいか考えよう」 No56_23.pdf

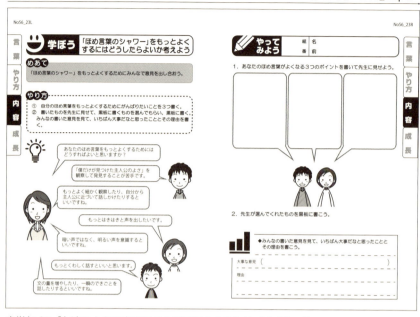

高学年25 「友達のよさを未来につなげて伝えよう」 No56_25.pdf

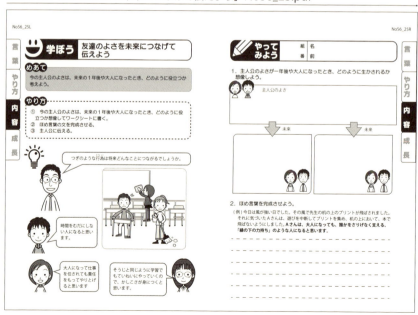

高学年 28 「家族で『ほめ言葉のシャワー』をしよう」 No56_28.pdf

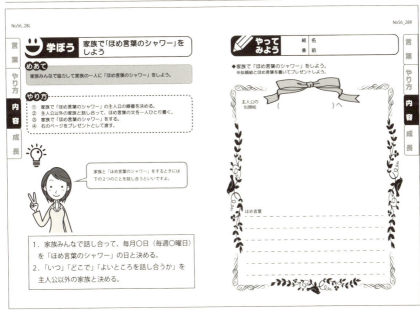

おうちの人に「ほめほめカード」をわたす

第5章 ほめ言葉のシャワー ワークシート

成長編　ホップ

福岡県北九州市立小倉中央小学校　教諭　菊池省三

【低学年】

　低学年では、基本的に「キャッチボールの楽しさ」を大切な指導のポイントにします。つまり、ほめ言葉を伝えてあげたら返事が返ってきた、返事を返したら喜んでもらえたという体験を大切にするということです。
　例えば、「12.『ほめことばのシャワー』でがんばったことうれしかったことを書こう」では、友達とのキャッチボールの楽しさをふり返らせることになります。友達との関係をとおして自分自身の有用感を感じることができ、成長を実感させることにつながります。

【中学年】

　中学年のこの段階では、自分自身をプラスに捉えるようにさせます。自分を肯定的に捉えさせるようにさせる指導が大切なのです。いろんな面で個人差が出てくる時期ですから、特にこのことは重要です。
　例えば、「1.『今』の自分を肯定的に見よう」では、肯定的な言葉で自分を表現させようとしています。そして、友達とそれらを伝え合うようにさせています。このような体験は、前向きな人間を育てていくこ

とにつながります。また、学級全体が、成長に向かって伸び合おうという雰囲気になってきます。

【高学年】

　高学年では、自分の内面の変化に気づかせるようにします。少しずつ自問自答のできる人間へと育てていくのです。
　「12．ほめ合った感想を書こう」では、そのような自分自身の変化に目を向けさせることができます。「自分に自信がついた」「みんな仲間なんだと思って安心した」といった感想が書かれることでしょう。
　また、「友達をほめるために、あなたや周りの友達ががんばっていたことをふり返ってみよう」では、学級全体の成長にも目が向くはずです。

「ほめ言葉のシャワー」について意見を出し合った「白い黒板」

低学年 10「『ほめことばのシャワー』で がんばりたい ことを かんがえよう」No12_10.pdf

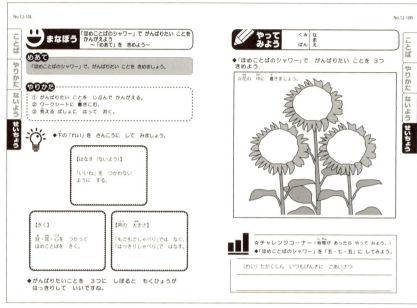

低学年 12「『ほめことばのシャワー』で がんばった こと うれしかった ことを 書こう」No12_12.pdf

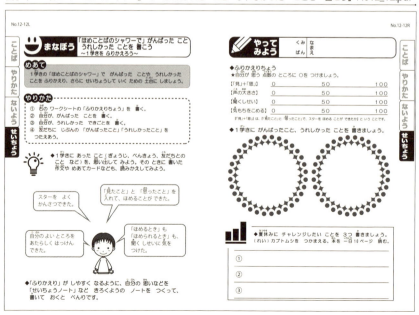

中学年 01 「『今』の自分を肯定的に見よう」 No34_01.pdf

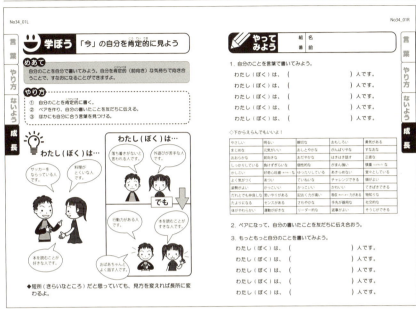

中学年 09 「ほめてもらえそうなことを宣言してやってみよう」 No34_09.pdf

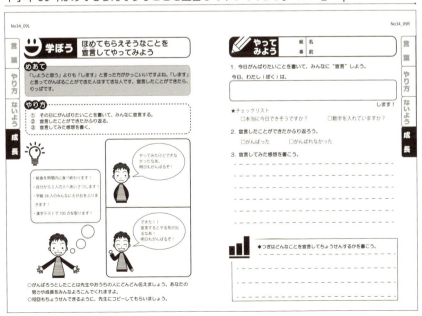

第5章 ほめ言葉のシャワー ワークシート 成長編 ◆

中学年10「うれしかった言葉やうれしかったことを書き出そう」No34_10.pdf

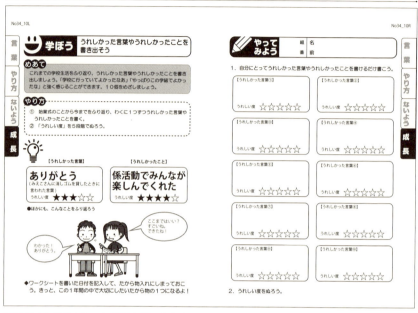

高学年12「ほめ合った感想を書こう」No56_12.pdf

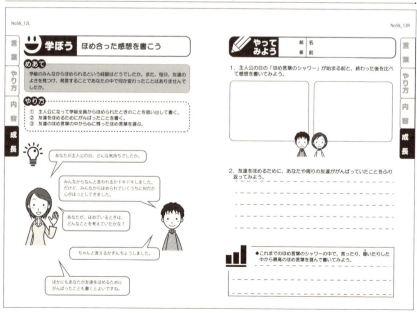

第5章 ほめ言葉のシャワー ワークシート

成長編 ステップ

【低学年】

　低学年のこの時期は、自分に自信を持たせることがポイントです。自己有用感を持たせることにつながります。
　例えば、「19．2学きにがんばっていることを書こう」では、先生や友達から教えてもらったことも取り入れて、できるようになったことも含めて、5つのことを自覚させる取り組みです。「22．『ほめほめの木』をつくろう」も同じ考えに立っています。成長に必要な前向きな気持ちを育てます。

【中学年】

　中学年のこの時期は、自己確認と自己拡大という視点で成長を促します。自分のがんばっていることを再確認させたり、がんばれているという新発見を増やしたりさせることを意識して指導を行うのです。
　具体的には、「11．『成長の花』をさかせよう」がその活動にあたります。
　また、自分の成長を喜ぶだけではなく、友達のそれらも喜び合えるようにしていくことが大切です。「20．学級の友だちへ手紙を書こう」がそれにあたります。本格的なほめ言葉のシャワーへとつながっていきます。

【高学年】

　高学年のこの時期は、自分たちの成長を支えているほめ言葉のシャ

ワーについてふり返らせます。「22.『ほめ言葉のシャワー』のよさを出し合おう」がそれにあたります。

　このワークシートを活用することで、自分の成長を再確認するとともに、その成長は、友達や学級みんなのおかげであることに気づきます。そして、互いに認め合うこの活動を、これからも全員の成長のために大切にしていこうという気持ちを強くさせます。

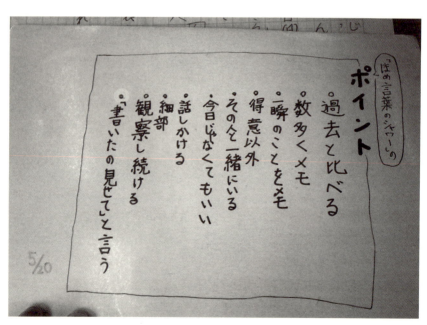

「ほめ言葉のシャワー」のポイントをまとめる

低学年19「2学きに がんばって いる ことを 書こう」No12_19.pdf

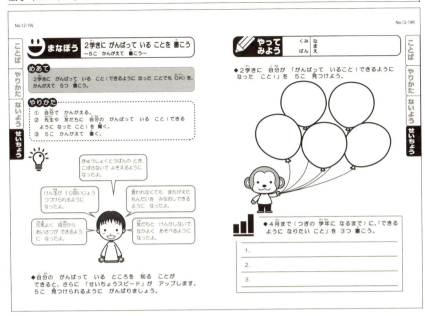

低学年22「『ほめほめの 木』を つくろう」No12_22.pdf

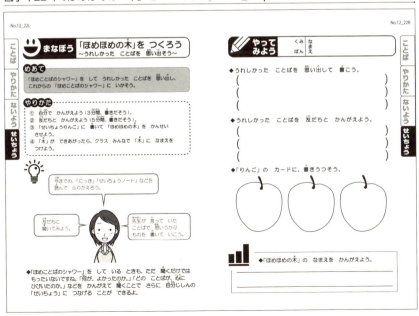

第5章 ほめ言葉のシャワー ワークシート 成長編

中学年11 「『成長の花』をさかせよう」No34_11.pdf

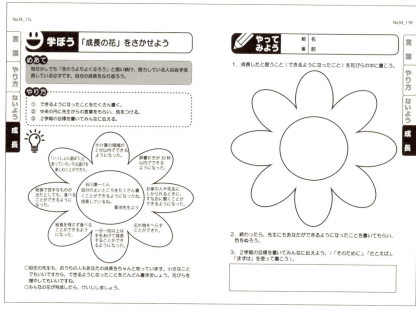

中学年19 「2学期に自分が成長したことを書こう」No34_19.pdf

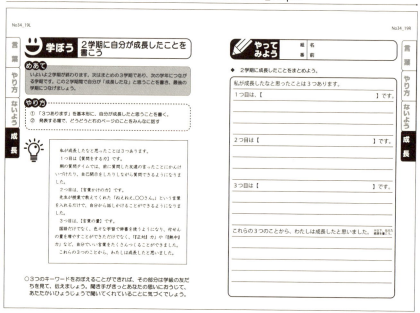

中学年20 「学級の友だちへ手紙を書こう」No34_20.pdf

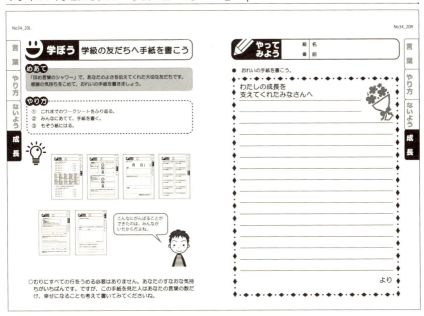

高学年22 「『ほめ言葉のシャワー』のよさを出し合おう」No56_22.pdf

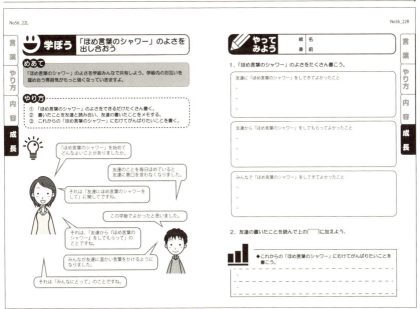

第5章 ほめ言葉のシャワー ワークシート

成長編　ジャンプ

【低学年】

　低学年のこの時期は、１年間の成長を実感させることがポイントです。子どもの１年間の成長は大きなものです。特に、低学年の成長には目を見張るものがあります。
　そのために、過去の自分と比較させたり、未来の自分を予想させたりという活動を取り入れることが有効です。「31．４月の自分へ手紙を書こう」がそれにあたります。過去をふり返りながら、次年度４月の未来の自分に、子どもたちは成長の期待をもつことができるでしょう。

【中学年】

　中学年のこの時期は、自分らしさを少しずつ意識させます。低学年までは、「みんなと同じがいい」という意識が強い子どもがほとんどですが、この時期からは、「自分のよさ」を大事に育てていくようにします。
　具体的には、「30．一年間の成長を自分の言葉でほめよう」がその活動にあたります。「自分の言葉」がポイントです。一年間で友達からたくさんのほめ言葉をプレゼントされているはずです。それらの中から、「自分の言葉」を選び出すことでしょう。そのときに、改めてほめ言葉のシャワーの素晴らしさに気づくことでしょう。

【高学年】

　高学年のこの時期は、自分の確かな成長だけではなく、それを生み出してくれた学級にも目を向けさせたいものです。自分の成長と学級の成長は、同時進行で進んできたことを実感させることが大切です。

　具体的には、「29.『ほめ言葉のシャワー』で学級がどのように成長したか話し合おう」がその活動です。この活動があると、子どもたちは、自分の成長を促してくれる存在として、学校や地域なども意識し始めます。成長が、その後も広がることに喜びを感じることができます。

価値モデルのシャワー

低学年26「自分の 気もちを 色で あらわそう」No12_26.pdf

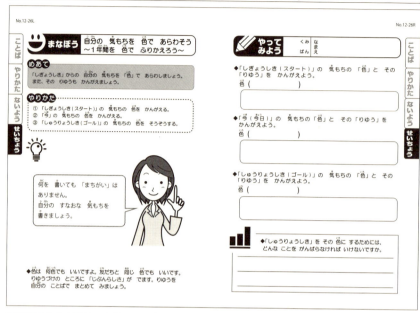

低学年31「4月の 自分へ 手紙を 書こう」No12_31.pdf

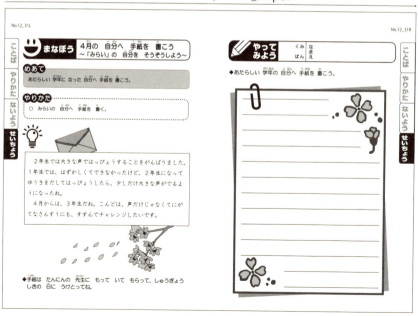

低学年 32 「『ほめことばのシャワー』に　おれいを　言おう」No12_32.pdf

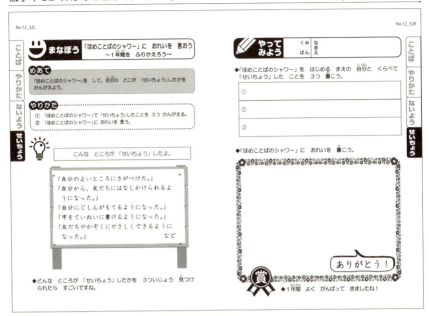

中学年 29 「『ほめ言葉のシャワー』のよさを出し合おう」No34_29.pdf

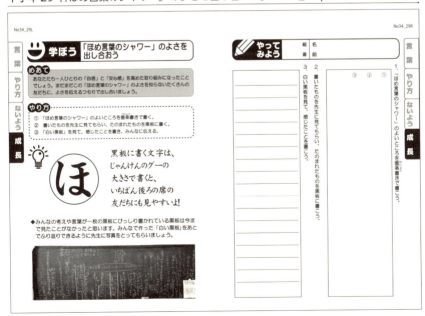

第5章 ほめ言葉のシャワー ワークシート 成長編 ◆

中学年 30「一年間の成長を自分の言葉でほめよう」No34_30.pdf

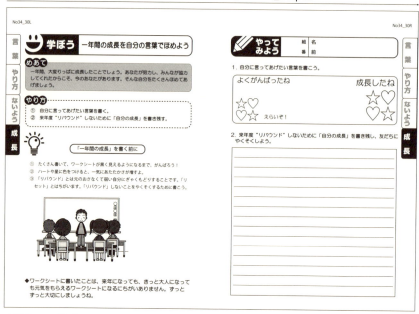

高学年 26「自分のよいところをほめよう」No56_26.pdf

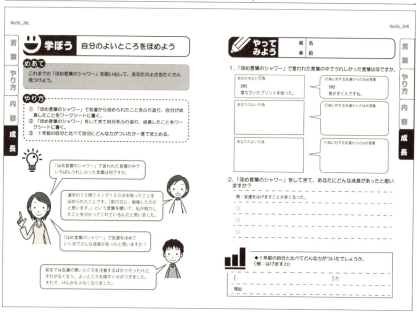

高学年29「『ほめ言葉のシャワー』で学級がどのように成長したか話し合おう」No56_29.pdf

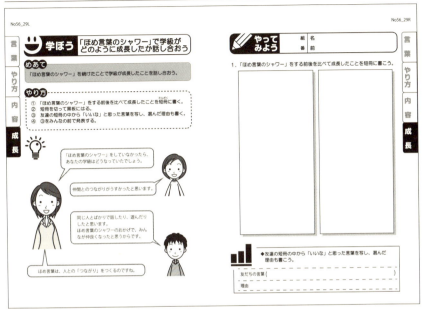

高学年30「小学校生活をふり返ろう」No56_30.pdf

第5章 ほめ言葉のシャワー ワークシート 成長編 ◆

高学年31「1年間がんばった自分へ手紙を書こう」No56_31.pdf

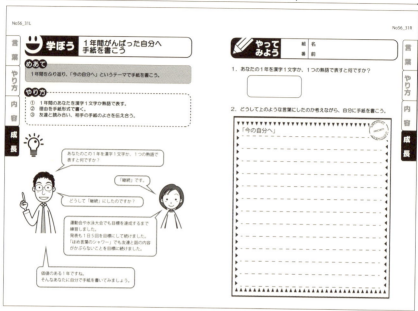

笑顔あふれる「ほめ言葉のシャワー」

付属CDの使い方

付属CD（ワークシート集）の使い方

本CDは、Windows、Macintoshどちらのプラットフォームにも対応したHybrid版です。

●Windowsでご使用の場合
1. 付属CDをCDライブやDVDドライブに入れます。
2. 自動でメニューが立ち上がります。
   ・自動的にメニューが立ち上がらない、あるいは何らかの警告が表示される場合は、コンピュータ>CDドライブ・DVDドライブを右クリックして「開く」を選択してください。CDのフォルダが開いたら、「homekotoba.exe」をダブルクリックしてください。
3. メニューから、使用する学年（「1・2年」「3・4年」「5・6年」）をクリックします。
4. 使用する学期（「1学期」「2学期」「3学期」）か内容（「言葉」「やり方」「内容」「成長」）を選びます。
5. ワークシートが表示されたら、ブラウザーかAdobeReaderの印刷機能で印刷します。推奨用紙サイズは、A3判横です。

●Macintoshでご使用の場合
1. 付属CDをDVDドライブに入れます。
2. デスクトップにCDのアイコンが現れます。ダブルクリックをするとCDのフォルダが開きます。「homekotoba」をダブルクリックすると、メニューが立ち上がります。以下は、上記Windowsの3～5と同様の手順で使用します。

【学年選択メニュー】　【学期・内容選択メニュー】　【ワークシート】

【動作環境】

■Windows
・OS：WindowsVista/Windows7/Windows8/8.1
・PC本体：上記OSが快適に動作するもの
・ディスプレイ：解像度1024×768ピクセル以上
・CD-ROMドライブ必須

■Macintosh
・OS：OSX10.7以降
・ディスプレイ：解像度1024×768ピクセル以上
・CD-ROMドライブ必須

●PDFファイルを開くために「AdobeReader」がインストールされている必要があります。
※記載している動作環境を満たすすべてのハードウェア環境での動作を保証するものではありません。

おわりに

> おはようございます！今日は魚住さんです!!魚住さんは昨日、さようならをしたあとに、いろんな人に「明日私のほめ言葉なんよ～♪」と笑顔でいっていました。
> みなさん「明日」の意味は知っていますか？私なりに考えると明日とは「明るい日」ということだと思います。魚住さんは今日をきたいしているでしょう。魚住さんにとって今日が明るい日になるようにしましょう！教室に入る前に「おはようございます」とみんなのねむけをとばすように言いましょう！仮面をかぶって… by. 曾根﨑

　上の写真は、私の学級の入口に掛けられている、ある日のホワイトボードです。曾根﨑さんという担当の女の子が書いたものです。その日にほめ言葉を浴びる魚住さんのことが書かれています。

　ほめ言葉のシャワーを浴びることを喜んでいる魚住さん、その魚住さんをみんなでより大切にしようと思っている曾根﨑さん、・・・読めば読むほど、子どもたちの素直さ、優しさが伝わってきて温かい気持ちになります。

　本著は、このような子どもたち、学級を全国に育てたいと考えて作りました。全てのワークシートは、教室内の実践をくぐらせて作成されたものです。

　本ワークシートを活用した6年生は、次のような感想を書いています。
「とても分かりやすかったです。
　何をどんなふうにすればいいのかがすぐに分かるからです。

今まであまり深く考えていなかったためあても書かれていたので、頭の中が整理されたような気がします。
　こんなワークシートを1年間使ったら、きっとほめ言葉のシャワーもレベルがもっと上がると思いました。」
「具体的な内容だからいいと思います。
　みんなが『合格』する内容ということもいいと思いました。
　ぼくが、一番いいと思ったのは、『成長』という内容です。
　なぜかというと、ほめ言葉のシャワーの最高の目的だと思うからです。
　自分や友だちや学級が、どんどん成長することをはっきりと示してくれているからです。」

　全国に広がっているほめ言葉のシャワーが、より多くの子どもたちに降り注がれ、それらがより確かなものになっていくことを期待しています。自信を持った積極型の人間が育ち、絆の強い学級集団が生まれてくることを期待しているのです。
　本著が、そのために役立つことを願っています。
　時間のない中、ワークシートの作成に取り組んでいただいた野原美恵子氏、谷川康一氏、中雄紀之氏には、本当にお世話になりました。
　原稿をまとめて、一冊の本に構成していただいた中村宏隆氏にもお礼を申し上げます。
　本当にありがとうございました。

2014年12月25日

菊池道場長　菊池　省三

●著者紹介

【第1章・第5章】

菊池省三（きくち・しょうぞう）
1959年愛媛県生まれ。山口大学教育学部卒業。現在、福岡県北九州市立小倉中央小学校勤務。文部科学省の「『熟議』に基づく教育政策形成の在り方に関する懇談会」委員。毎週1回行う「菊池道場」主宰。
【主な著書】『小学校発！ 一人ひとりが輝く ほめ言葉のシャワー』（日本標準）、『小学校発！ 一人ひとりが輝く ほめ言葉のシャワー②』（日本標準）、『コミュニケーション力あふれる「菊池学級」のつくり方』（中村堂）、『動画で見る 菊池学級の子どもたち』（中村堂）、『写真で見る 菊池学級の子どもたち』（中村堂）他多数。

【第2章・低学年ワークシート】

野原美恵子（のはら・みえこ）
東京都武蔵野市立桜野小学校教諭

【第3章・高学年ワークシート】

中雄紀之（なかお・のりゆき）
福岡県北九州市立徳力小学校教諭

【第4章・中学年ワークシート】

谷川康一（たにがわ・こういち）
福岡県久留米市立日吉小学校教諭

※すべて2015年1月1日現在

小学校発！ 一人ひとりが輝く
ほめ言葉のシャワー③

2015年2月20日　第1刷発行
2015年4月 1日　第2刷発行

編　著／菊池省三　　　　　　　　　表紙・編集協力・デザイン／佐川印刷株式会社
発行者／山田雅彦　　　　　　　　　表紙デザイン／佐藤友美
発行所／株式会社 日本標準　　　　　印刷・製本／佐川印刷株式会社
　　　　東京都杉並区南荻窪3-31-18 〒167-0052
　　　　Tel.03-3334-2620　Fax.03-3334-2623
　　　　ホームページアドレス　http://www.nipponhyojun.co.jp

◆乱丁・落丁の場合はお取り替えいたします。

ISBN978-4-8208-0584-7